Sou uma mulher inteligente porque...

STEVEN CARTER

Sou uma mulher inteligente porque...

Dicas para você se valorizar e transformar sua vida amorosa

Título original: *I'm a Smart Woman Because...*
Copyright © 2011 por Steven Carter
Copyright da tradução © 2012 por GMT Editores Ltda.
Todos os direitos reservados. Nenhuma parte deste livro pode ser utilizada ou reproduzida sob quaisquer meios existentes sem autorização por escrito dos editores.

tradução: Angélica Lopes

preparo de originais: Alice Dias

revisão: Caroline Mori, Melissa Lopes Leite e Rafaella Lemos

projeto gráfico e diagramação: Valéria Teixeira

capa e ilustração da capa: Silvana Mattievich

impressão e acabamento: Yangraf Gráfica e Editora Ltda.

CIP-BRASIL. CATALOGAÇÃO-NA-FONTE
SINDICATO NACIONAL DOS EDITORES DE LIVROS, RJ

C315s Carter, Steven, 1956-
    Sou uma mulher inteligente porque... / Steven Carter [tradução Angélica Lopes]. – Rio de Janeiro: Sextante, 2012.
    80p. : 14x21 cm

    Tradução de: I'm a smart woman because...
    ISBN 978-85-7542-780-4

    1. Mulheres – Psicologia. 2. Autoconfiança. 3. Autoestima. 4. Relações homem-mulher. I. Título.

12-1590
    CDD 305.42
    CDU 316.346.2-055.2

Todos os direitos reservados, no Brasil, por
GMT Editores Ltda.
Rua Voluntários da Pátria, 45 – Gr. 1.404 – Botafogo
22270-000 – Rio de Janeiro – RJ
Tel.: (21) 2538-4100 – Fax: (21) 2286-9244
E-mail: atendimento@esextante.com.br
www.sextante.com.br

Introdução

Você se considera uma mulher inteligente? Antes de responder, tenha em mente o seguinte: ser inteligente não significa ter QI acima da média ou Ph.D. em física quântica. Afinal, de nada adianta ser um gênio se você odeia a própria aparência, só se relaciona com os homens errados e tem a autoestima tão baixa que nem sequer consegue aceitar um elogio.

Uma mulher inteligente é capaz de reconhecer o próprio valor e não aceita ser rebaixada, humilhada nem rejeitada por homem algum. Ela sabe que é única, especial, e que a vida não deve girar em torno da busca por um parceiro.

Muitas mulheres só se tornam inteligentes após viver experiências amorosas traumáticas. Outras não conseguem aprender a lição nem mesmo depois das piores desilusões e acreditam que a culpa pelo fim dos relacionamentos é sempre delas – porque não são boas o suficiente, não se esforçaram o suficiente, não são bonitas o suficiente, e por aí vai.

As mulheres inteligentes parecem ter "sorte no amor", mas o que elas têm, na realidade, é uma autoestima elevada que faz com que se sintam verdadeiros troféus. Elas se gostam, se admiram, se respeitam e demonstram isso em seu comportamento, só se aproximando de homens que saibam valorizá-las.

Mas é claro que, por mais que você tenha consciência de todas as suas qualidades, de vez em quando bate aquela insegurança – principalmente quando um novo romance se anuncia. É nesse momento que os antigos medos voltam à tona: será que ele é o homem certo? Serei capaz de resguardar minha saúde física, mental e emocional? Ele vai me achar burra? Não seria melhor começar uma dieta? E se eu não corresponder às expectativas dele?

Para os momentos de incerteza, use este livro como remédio. Ele traz centenas de afirmações que vão lembrá-la constantemente de que você é uma mulher incrível e que não deve aceitar nada menos do que merece.

Aumentar sua autoestima e aprender a se amar incondicionalmente são atitudes que podem transformar sua vida amorosa. Isso vai influenciar não apenas suas escolhas como também o que você espera dos homens com quem se relaciona.

As mulheres verdadeiramente inteligentes sabem que repetir padrões negativos, insistir em relacionamentos destrutivos, criticar cada defeito de si mesma e invejar a felicidade alheia são comportamentos que não levam a lugar nenhum. Muito menos a um relacionamento duradouro, saudável e harmonioso.

~

Sou uma mulher inteligente porque...

Não desejo coisas com as quais não posso lidar.

Não desejo coisas para as quais ainda não estou pronta.

Não vivo além das minhas próprias limitações.

~

Sou uma mulher inteligente porque...

Não culpo os outros pelos meus erros.

Não confundo meus impulsos com meus instintos.

∼

Sou uma mulher inteligente porque...

Sei que posso fazer melhor, mas valorizo o que faço.

Não chamo minhas imperfeições de "defeitos".

Sei que não sou perfeita. E é por isso que sou tão perfeita.

~

Sou uma mulher inteligente porque...

Sei que não sou perfeita, mas isso não significa que eu não seja extraordinária.

~

Sou uma mulher inteligente porque...

Não tenho medo de falar a verdade.

Não tenho medo de viver de acordo com a minha verdade.

~

Sou uma mulher inteligente porque...

Não tenho medo de dizer "não".

Não tenho medo de deixar rolar.

Estou disposta a minimizar minhas perdas.

~

Sou uma mulher inteligente porque...

Sei que todo fim é a chance de um novo começo.

~

Sou uma mulher inteligente porque...

Não reprimo meus sentimentos.

Não tento esconder meus medos.

~

Sou uma mulher inteligente porque...

Sei que as pessoas que vivem no limite às vezes podem perder o controle.

Não preciso de uma bandeira vermelha para me mostrar o perigo, pois estou sempre alerta.

~

Sou uma mulher inteligente porque...

Sei que às vezes meu coração
manda mensagens confusas para
a minha mente.

Sei que às vezes minha mente
manda mensagens confusas para
o meu coração.

~

Sou uma mulher inteligente porque...

Ouço minha voz interior.

Não deixo meus hormônios guiarem
minha vida.

Sou uma mulher inteligente porque...

Não odeio meu corpo.

Não odeio meu nariz.

Não odeio meu cabelo.

Sou grata por ser eu mesma.

Não tento ser alguém que não sou.

Sou uma mulher inteligente porque...

Sei que tenho qualidades e defeitos como qualquer outro ser humano e adoro essa condição.

∼

Sou uma mulher inteligente porque...

Acredito que todas as coisas são possíveis, mas que há um preço a pagar por cada uma delas.

Sei que sou criativa e que minha criatividade precisa ser colocada em prática.

Reconheço minha inteligência, mas não me considero melhor do que ninguém por isso.

Sou uma mulher inteligente porque...

Não tenho medo de fazer perguntas difíceis a um homem e não tento manipular suas respostas.

Sei que nem todos os homens merecem uma segunda chance.

Para mim, carinho nunca é demais.

~

Sou uma mulher inteligente porque...

Sei que viver numa montanha-russa emocional não é divertido.

Quando um homem diz que não é bom o suficiente para mim, acredito nele.

~

Sou uma mulher inteligente porque...

Não preciso fazer striptease para me sentir sexy.

Ninguém me leva para a cama. Vou para a cama com alguém porque quero.

Sou uma mulher inteligente porque...

Não deixo que minha ansiedade controle minhas ações.

Não deixo que minha ansiedade defina minhas escolhas.

Não deixo que minha ansiedade conduza o meu dia a dia.

Sou uma mulher inteligente porque...

Sei que, se ficar presa ao passado ou obcecada pelo futuro, não estarei vivendo o agora.

Sei que, se não viver o agora, não estarei vivendo minha vida.

Sou uma mulher inteligente porque...

Tento entender meus sentimentos.

Tento compreender meus medos.

Sei que sempre poderei crescer.

~

Sou uma mulher inteligente porque...

Nunca me chamo de burra.

Nunca me chamo de feia.

Nunca me chamo de gorda.

Guardo minhas palavras mais carinhosas para mim mesma.

~

Sou uma mulher inteligente porque...

Valorizo minha beleza interior.

Sou uma mulher inteligente porque...

Prefiro abraçar um travesseiro a abraçar um homem que não esteja me abraçando de coração.

Não insisto em coisas que não posso mudar nem perco meu tempo com pessoas que se recusam a enxergar seus comportamentos inadequados.

Resolvo meus pequenos problemas antes que eles se tornem grandes. Mesmo que isso signifique dizer adeus a alguém.

~

Sou uma mulher inteligente porque...

Não gasto metade da minha vida me preocupando com a outra metade.

~

Sou uma mulher inteligente porque...

Não deixo que o álcool guie minha vida social.

Sou uma mulher inteligente porque...

Sei que mesmo os melhores casais passam por momentos difíceis.

Reconheço a diferença entre uma crise e um ponto final.

Sou uma mulher inteligente porque...

Não tenho vergonha de pedir ajuda.

Não me sinto obrigada a ser simpática com todo homem que me oferece uma bebida.

Não me sinto atraída por vampiros emocionais.

Sei que um homem que se recusa a fazer terapia quer que tudo permaneça exatamente como está.

Sou uma mulher inteligente porque...

Valorizo a sabedoria dos que têm mais experiência do que eu.

Nunca sigo os conselhos de mulheres amargas, ciumentas ou maldosas.

Sinto que existe força nas minhas fraquezas.

~

Sou uma mulher inteligente porque...

Não me apaixono pelo primeiro cara bonitinho que me dá uma boa cantada.

Priorizo o conteúdo, não a embalagem.

Sou uma mulher inteligente porque...

Não penso em mim como uma mulher solteira num mundo de casais.

Sei que estar casada é tão difícil quanto estar solteira. O que muda é o tipo de dificuldade.

Não invejo todos os casais que vejo.

Sei que estar com o homem errado é muito pior do que não estar com homem nenhum.

~

Sou uma mulher inteligente porque...

Não tenho medo de ficar solteira.

Sei a diferença entre estar apaixonada e estar sofrendo.

~

Sou uma mulher inteligente porque...

Não mantenho relacionamentos em que só eu estou me doando.

Não mantenho relacionamentos em que só eu estou cedendo.

Não mantenho relacionamentos em que só eu estou me esforçando.

Sou uma mulher inteligente porque...

Não insisto em relacionamentos que fazem com que eu não me sinta importante.

Não insisto em relacionamentos que fazem com que eu me sinta invisível.

Não insisto em relacionamentos que fazem com que eu não me sinta amada.

Sou uma mulher inteligente porque...

Não mantenho relacionamentos que já passaram da data de validade.

Sou uma mulher inteligente porque...

Choro em casamentos por estar feliz, não por estar com inveja.

Sei a diferença entre um marido em potencial e um desastre em potencial.

Sou uma mulher inteligente porque...

Não tenho medo de me destacar na multidão.

Não tenho medo de ser diferente se estiver sendo eu mesma.

Sou uma mulher inteligente porque...

Não confio em homens que me escondem dos amigos.

Não confio em homens que não me apresentam à família.

Não confio em homens que não me deixam participar da sua vida.

Sou uma mulher inteligente porque...

Não confio em homens que não me dizem onde trabalham.

Não confio em homens que não me dizem onde moram.

Não confio em homens cheios de segredos.

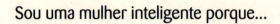

Sou uma mulher inteligente porque...

Aprendi que um homem que não sabe o que quer não merece o que tem.

Sou uma mulher inteligente porque...

Não preciso de termômetro para saber quando estou sendo cozida em banho-maria.

Não preciso de calculadora para saber se estou somando.

Não preciso de relógio para saber se é hora de terminar a relação.

∼

Sou uma mulher inteligente porque...

Não bebo para esquecer minhas preocupações.

Não uso a comida como consolo.

Sei que alguns dos meus problemas são maiores do que eu.

∼

Sou uma mulher inteligente porque...

Não perco meu sono pensando em situações que estão fora do meu controle.

Sou uma mulher inteligente porque...

Quando estou perdida, paro e peço informações.

Quando me sinto perdida, paro e me pergunto "por quê?".

Sou uma mulher inteligente porque...

Levo minhas prioridades a sério.

Levo meu trabalho a sério.

Levo minha vida a sério.

Eu mesma me levo a sério.

Sou uma mulher inteligente porque...

Sei que bancar a burra não é sexy.

Sei que me fazer de boba não ajuda a conquistar a simpatia dos outros.

Não tenho medo de que as pessoas percebam que sou inteligente.

Sou uma mulher inteligente porque...

Protejo minhas amizades.

Sei que os amigos que faço refletem que tipo de pessoa eu sou. Por isso os escolho com cuidado.

∼

Sou uma mulher inteligente porque...

Não tenho medo de mudar.

Sei que estou mudando o tempo todo.

Sei que a única pessoa totalmente compatível comigo sou eu mesma.

∼

Sou uma mulher inteligente porque...

Sei que não preciso fazer nada para ser digna de ser amada.

Sou uma mulher inteligente porque...

Não preciso fazer sexo todos os dias para me sentir desejada.

Não preciso ter um encontro diferente todas as noites para me sentir atraente.

Não preciso ir diariamente a festas para me sentir popular.

Não preciso ficar bêbada para me divertir.

Sou uma mulher inteligente porque...

Faço coisas que alimentam minha mente.

Faço coisas que nutrem minha alma.

Faço coisas que reforçam minha personalidade.

∼

Sou uma mulher inteligente porque...

Não fico o tempo todo procurando dificuldades em tudo.

Quero um trabalho que valha a pena, e não que apenas pague as minhas contas.

Sei que, quando me sinto paralisada, fui eu que escolhi estar assim.

~

Sou uma mulher inteligente porque...

Não compro sapatos novos toda
vez que tenho um dia ruim.

~

Sou uma mulher inteligente porque...

Não preciso ser feminista para exercer
minha feminilidade.

Tenho orgulho de ser mulher e ainda
mais orgulho de ser eu mesma.

Nunca peço desculpas pelo que sou.

Sou uma mulher inteligente porque...

Não confio em nenhum homem que olhe minha correspondência, a menos que ele trabalhe nos correios.

Não confio em nenhum homem que vasculhe meus armários, a menos que tenha sido contratado para arrumar minhas roupas.

Não confio em nenhum homem que não respeite a minha privacidade.

~

Sou uma mulher inteligente porque...

Não leio os e-mails dos outros.

Não olho as contas telefônicas dos outros.

Não me meto nos assuntos dos outros.

~

Sou uma mulher inteligente porque...

Respeito os limites das pessoas.

Espero que elas respeitem os meus.

Sei que sou a única responsável por manter minha privacidade.

∼

Sou uma mulher inteligente porque...

Não arrisco minha saúde por homem algum.

Não deixo que a culpa alheia me atinja.

Sei que bulimia é uma doença, não uma dieta.

∼

Sou uma mulher inteligente porque...

Coloco meu bem-estar no topo da minha lista de prioridades.

∼

Sou uma mulher inteligente porque...

Sei que o amor é assustador.

Sei que o sexo nunca deve ser assustador.

∼

Sou uma mulher inteligente porque...

Não culpo os outros pelo que não conquistei.

Não tenho inveja do que outras pessoas conquistaram.

Uso as vitórias alheias como inspiração.

~

Sou uma mulher inteligente porque...

Não sou prisioneira das minhas próprias fantasias.

Não acredito em tudo o que vejo na TV.

~

Sou uma mulher inteligente porque...

Sei economizar meu dinheiro.

Não me sinto derrotada quando verifico minha conta bancária.

Sei que meus verdadeiros valores estão dentro do meu coração.

~

Sou uma mulher inteligente porque...

Não tenho medo de reavaliar minha vida e mudar o que estiver errado.

~

Sou uma mulher inteligente porque...

Sei que se um homem não me aceita como eu sou, sempre serei uma estranha para ele. E eu não falo com estranhos.

~

Sou uma mulher inteligente porque...

Posso me divertir sem ser impulsiva.

Não preciso sofrer por amor para me sentir viva.

~

Sou uma mulher inteligente porque...

Não paquero homens casados.

Não tenho fantasias com homens casados.

Não faço sexo com homens casados.

Sou uma mulher inteligente porque...

Não digo aos outros como devem viver suas vidas.

Pago minhas contas em dia.

Não gasto o que não tenho.

Não sou viciada em compras.

Sou uma mulher inteligente porque...

Nunca arrisco minha saúde física por um relacionamento.

Nunca arrisco minha saúde emocional por um relacionamento.

Nunca arrisco minha saúde espiritual por um relacionamento.

Sempre protejo meu coração.

~

Sou uma mulher inteligente porque...

Não preciso trabalhar num aeroporto para saber que todo mundo tem sua bagagem emocional.

Sou uma mulher inteligente porque...

Não estou interessada em homens que não valorizam as mulheres.

Não estou interessada em homens que não respeitam as mulheres.

Não estou interessada em homens que não estão interessados em mim.

Sou uma mulher inteligente porque...

Sei que o ciúme não é o melhor termômetro dos sentimentos ou das intenções de um homem.

Sei que, se tentar salvar um homem que está se afogando, corro o risco de afundar com ele.

Sou uma mulher inteligente porque...

Não tenho medo de errar.

Não tenho vergonha de admitir que errei.

Faço questão de aprender com os meus erros.

Sou uma mulher inteligente porque...

Sei que recuperar almas perdidas
é um trabalho para missionários,
não para namoradas.

Sou uma mulher inteligente porque...

Não faço leilão do meu corpo.

Não ofereço minha alma pelo maior lance.

Não posso ser comprada por preço algum.

Sou uma mulher inteligente porque...

Não vou para a cama com um homem
só porque rolou uma química entre nós.

Não gosto de passar meus fins
de semana acordando ao lado de
homens que não conheço.

Sou uma mulher inteligente porque...

Não tenho medo de tentar.

Não tenho medo de falhar.

Não tenho medo de tentar de novo.

Não preciso estar sempre certa.

~

Sou uma mulher inteligente porque...

Não desperdiço semanas, meses
ou anos tentando salvar um
relacionamento que já
está condenado.

~

Sou uma mulher inteligente porque...

Não preciso ser perfeita.

Não preciso ganhar sempre.

Sou uma mulher inteligente porque...

Não tenho medo de me envolver com as coisas que realmente importam para mim.

Não sigo outra pessoa quando tenho a chance de liderar.

Sei quem eu sou e me sinto poderosa por isso.

Sou uma mulher inteligente porque...

Não saio com pessoas que não respeitam meu tempo.

Não saio com pessoas que não respeitam minha opinião.

Sou uma mulher inteligente porque...

Amo minha família, mas não deixo que ela controle a minha vida.

Sou uma mulher inteligente porque...

Não meço meu sucesso pelas estatísticas dos outros.

Não calculo minha felicidade pelos números dos outros.

Não planejo minha vida pela agenda dos outros.

~

Sou uma mulher inteligente porque...

Não tenho vergonha de usar a internet para aprender coisas que não sei.

Sei que não posso fazer a diferença no mundo se eu mesma não me levar a sério.

~

Sou uma mulher inteligente porque...

Não espero que as outras pessoas sejam iguais a mim.

Sei a diferença entre uma alma poética e uma alma torturada.

Sou uma mulher inteligente porque...

Não espero que todos gostem de mim.

Não espero que todos me entendam.

Sei quando estou apenas gastando minhas palavras.

Sou uma mulher inteligente porque...

Ser mulher não me define.

Ser mulher não me limita.

Ser mulher não me controla.

Ser mulher não é uma arma para mim.

Ser mulher não é uma muleta para mim.

Sou uma mulher inteligente porque...

Não tenho medo de terminar um relacionamento problemático.

Não tenho medo de terminar um relacionamento abusivo.

Não tenho medo de terminar um relacionamento que não me dá aquilo de que preciso.

Sou uma mulher inteligente porque...

Não confio em homens obcecados pela própria aparência.

Não confio em homens obcecados pela minha aparência.

Sou uma mulher inteligente porque...

Não gosto que meu parceiro me trate como criança.

Não gosto que meu parceiro não me trate com igualdade.

Não mantenho relacionamentos em que eu me sinta vazia.

Não mantenho relacionamentos que me deixem triste.

∼

Sou uma mulher inteligente porque...

Sei que um relacionamento que
me faça mais mal do que bem
não vale a pena.

∼

Sou uma mulher inteligente porque...

Meu crescimento pessoal não depende
de estar ou não com alguém.

Nunca desistiria dos meus sonhos por
causa das desilusões de outra pessoa.

∼

Sou uma mulher inteligente porque...

Encho minha vida com pessoas que me amam.

Reconheço quem me valoriza.

∼

Sou uma mulher inteligente porque...

Penso antes de falar.

Ouço antes de falar.

Sou aberta a mudar de opinião.

~

Sou uma mulher inteligente porque...

Não me sinto obrigada a ser a pessoa mais inteligente do recinto.

Não tenho vergonha quando sou a pessoa mais inteligente do recinto.

~

Sou uma mulher inteligente porque...

Estou disposta a mudar.

Estou disposta a questionar meus pensamentos.

Estou disposta a crescer.

~

Sou uma mulher inteligente porque...

Não espero que o universo me proteja – isso é trabalho meu!

~

Sou uma mulher inteligente porque...

Sei que sempre há coisas novas para aprender.

Sei que todo ser humano é uma obra em construção.

~

Sou uma mulher inteligente porque...

Prefiro cometer novos erros a repetir os antigos.

Sei que hoje é o melhor dia para mudar.

Sou uma mulher inteligente porque...

Não gostaria de ser diferente do que eu sou.

INFORMAÇÕES SOBRE OS PRÓXIMOS LANÇAMENTOS

Para saber mais sobre os títulos e autores
da EDITORA SEXTANTE,
visite o site www.sextante.com.br
ou siga @sextante no Twitter.
Além de informações sobre os próximos lançamentos,
você terá acesso a conteúdos exclusivos e poderá
participar de promoções e sorteios.

Se quiser receber informações por e-mail,
basta cadastrar-se diretamente no nosso site.

Para enviar seus comentários sobre este livro,
escreva para atendimento@esextante.com.br
ou mande uma mensagem para @sextante no Twitter.

EDITORA SEXTANTE
Rua Voluntários da Pátria, 45 / 1.404 – Botafogo
Rio de Janeiro – RJ – 22270-000 – Brasil
Telefone: (21) 2538-4100 – Fax: (21) 2286-9244
E-mail: atendimento@esextante.com.br